AF355104

ESENCIA CÓSMICA

LEO

Leo Kabal

Editorial ⊙ Creación

Temática: Astrología, Horóscopo, Angelología
Colección: Esencia Cósmica

© Leo Kabal
© Editorial Creación
   Jaime Marquet, 9
   28200 - San Lorenzo de El Escorial
   (Madrid)
   Tel.: 91 890 47 33
   http://www.editorialcreacion.com
   http://editorialcreacion.blogspot.com/

Diseño de portada: Mejiel

Primera edición: mayo de 2013
ISBN: 978-84-15676-30-0
Depósito Legal: M-14521-2013

CONTENIDO

INTRODUCCIÓN

Saber hoy a ciencia cierta cuándo empezó la Humanidad a interesarse por los astros y cuáles fueron las bases de lo que se conoce como Astrología, es una tarea difícil, por no decir imposible.

No obstante, cuando miramos hacia atrás en el tiempo intentando buscar un origen, encontramos que la mayoría de los pueblos de la antigüedad tenían muy en cuenta las posiciones planetarias a la hora de tomar decisiones importantes. Todo el mundo creía en ella y los reyes tenían a sus propios astrólogos, a los que consultaban para tomar las decisiones relevantes.

Aunque la ciencia astrológica se remonta más atrás en el tiempo, los doce signos astrológicos, tal como los conocemos hoy, aparecieron en Babilonia, en el siglo V a. C. Este sistema consiste en la división del cielo en doce partes iguales de 30 grados cada uno.

Pero signos y constelaciones no son lo mismo, aunque muchos hayan querido confundir los términos para desacreditar a los astrólogos y la Astrología. Expliquemos la diferencia.

La Eclíptica es el círculo imaginario que atraviesa el Sol en su recorrido anual aparente alrededor de la Tierra, aunque en realidad se trata de una proyección en los cielos de la linea imaginaria que dibuja la Tierra en su movimiento de traslación (recorrido anual alrededor del Sol).

A un lado y otro de la Eclíptica hay una franja celeste denominada Zodiaco, dentro de la cual permanecen el Sol, la Luna y los planetas. En esta franja hay doce constelaciones cuyos nombres son los mismos que el de los doce signos. Pero a diferencia de los signos, las constelaciones tienen una longitud desigual, es decir, no miden 30 grados cada una, sino que unas miden más y otras, menos.

Hay algunos astrólogos que afirman que primero fueron los signos y después vinieron las constelaciones. Es decir, los signos fueron dados a la humanidad primitiva por inspiración. Después, el hombre buscó algo semejante en los cielos y encontró las constelaciones.

Sea como fuere, lo importante es que los signos astrológicos y las constelaciones de estrellas no son lo mismo. Los signos son sectores del Zodiaco de 30 grados cada uno y las constelaciones tienen una longitud diferente. Además, debido a la precesión de los equinoccios, tampoco coinciden en el comienzo de la primavera, cuando el Sol cruza el ecuador celeste, sino que, en ese punto, el Sol cruza el grado cero de Aries en lo referente a los signos, mientras que en lo referente a las constelaciones, varía. Ese es el motivo de que cuando el Sol se encuentra en el signo de Aries, actualmente lo hace en la constelación de Piscis. Es también la base para afirmar que la Humanidad está actualmente en la Era de Piscis y camina hacia la Era de Acuario.

Pero en lo referente a los signos, esto no debe preocuparnos, ya que siguen siendo los mismos, y las fechas en las que rigen cada uno de ellos permanecen invariables.

Según algunos astrólogos modernos, la Astrología no es solo un sistema de predicción, sino que comprende la esencia cósmica de la cual todos nos nutrimos tanto material como espiritualmente. De hecho, los nombres de los doce signos corresponden a doce entidades espirituales que se ocupan de hacernos llegar la energía con la que construimos y desarrollamos nuestra existencia.

En el principio de los tiempos, al iniciar la creación de nuestro Sistema Solar, Dios trazó un espacio, de donde tomó la esencia para que su obra creciera y se multiplicara. Este espacio es conocido con el nombre de Zodiaco. De este Zodiaco procede la esencia que ha dado forma a todo lo que existe hoy en nuestro Sistema Solar, incluidos nosotros.

De lo que antecede podemos deducir que el Zodiaco es mucho más importante de lo podría parecer a primera vista, pues sin él no existiría nada en nuestro universo solar.

Vemos así que el Zodiaco marca la evolución de la Humanidad a través de los signos conocidos como Aries, Tauro, Géminis, Cáncer, Leo, Virgo, Libra, Escorpio, Sagitario, Capricornio, Acuario y Piscis. Cada individuo debe renacer constantemente en los distintos signos para evolucionar mediante las vivencias que cada uno le aporta.

Así, en el sentido cósmico, cuando nacemos en Aries, traemos al mundo un nuevo designio divino, un proyecto original, que iremos desarrollando a través de las distintas etapas, es decir, en las distintas encarnaciones por las que hemos de pasar. La rueda astrológica se convierte así en la rueda de los renacimientos a través de los cuales evolucionamos desde la inconsciencia hacia la omnisciencia. La meta es convertirnos algún día en dioses creadores. El orden evolutivo sigue un orden distinto del de la rueda astrológica, que como sabemos es Aries, Tauro, Leo, etc., hasta Piscis.

En el orden cósmico primero es el Fuego: Aries, Leo y Sagitario. Segundo, el Agua: Cáncer, Escorpio y Piscis. Tercero, el Aire: Libra, Acuario y Géminis. Y por último, la Tierra: Capricornio, Tauro y Virgo.

Este sería el orden lógico en la evolución. O sea, primero encarnaríamos en los signos de Fuego, luego en los de Agua, etc. Y, al llegar al último signo de Tierra: Virgo habríamos culminado nuestra evolución y adquirido todas las experiencias necesarias para llegar a ser dioses creadores. Pero este orden fue roto porque los hombres no fuimos capaces de asimilar las energías divinas tal como se nos iban proporcionando. De esta forma, unas veces fuimos hacia adelante y otras hacia atrás, unas veces avanzando y otras quedándonos rezagados.

Por este motivo, tenemos que culminar varios ciclos desde Aries a Virgo antes de alcanzar la perfección, pero ahora ya no seguimos el orden primordial: Fuego, Agua, Aire y Tierra, sino que, debido al estancamiento en algunas etapas, tenemos que volver a ellas de nuevo. Por eso, en una encarnación podemos nacer en Aries, mientras que en la siguiente lo hacemos en Tauro o Libra, dependiendo de los trabajos pendientes de realizar que hayamos dejado en el camino.

El signo del horóscopo bajo el cual hemos nacido marca únicamente el lugar del sol en nuestra carta natal. Para un estudio más profundo, cada lector debe recurrir a la interpretación de su carta astral completa, porque ella le descubrirá muchos más aspectos de su personalidad y su trabajo en la vida presente que el estudio simple del signo bajo el cual ha nacido. Aunque sin duda el sol en un horóscopo marca el lugar donde se instala nuestro Yo en la presente encarnación para poder llevar a cabo su programa de vida marcado por las demás tendencias de nuestra carta de nacimiento. Por ese motivo, cualquier estudio sobre él es de la máxima importancia. Más adelante, si el lector lo desea, podrá estudiar su carta con profundidad y desarrollar su potencial en todos los aspectos. Mientras tanto, le ofrecemos este pequeño estudio para que pueda conocerse un poco más y aprenda a conducirse de acuerdo con la energía de los astros para hacer su vida un poco más llevadera.

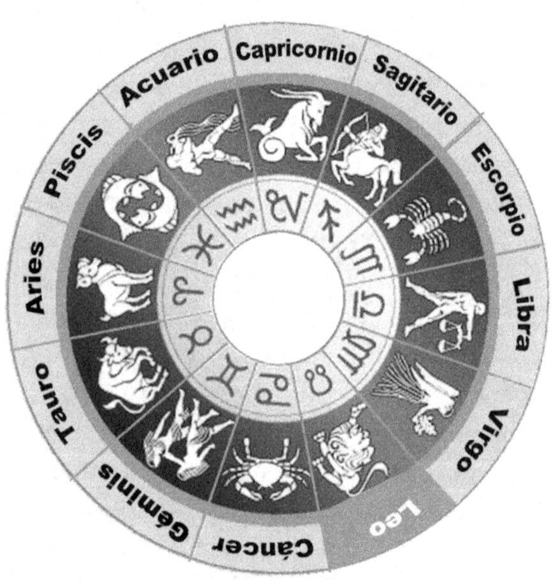

Acuario
Capricornio
Sagitario
Piscis
Escorpio
Aries
Libra
Tauro
Virgo
Géminis
Cáncer
Leo

LEO

23 de julio al 23 de agosto

Guardián del Bien y la Sabiduría

Elemento: Fuego

Símbolo: ♌

Color: Dorado, naranja

Planeta regente: Sol

Gemas: Diamante, rubí

Metal: Oro

Día de la semana: Domingo

Números de la suerte: 1 y 5

Imagen medieval de Leo.
(Libro de Horas del siglo XIV).

Imagen medieval del Sol, planeta regente de Leo.
De Sphaera.

SÍMBOLOS DE LEO Y EL SOL

♌ ☉

El símbolo de Leo se representa con un antiguo dibujo del león: ♌, rey de los animales, símbolo de vida, fuerza y realeza.

Su planeta regente es el Sol, que consta de un círculo y un punto en el medio: ☉. El círculo representa al espíritu (centro de todas las facultades espirituales), la fuente de vida. En su conjunto, también representa este símbolo al Universo y al Yo superior, lo que está simbolizado respectivamente por el círculo (Universo) y punto en el medio (Yo Superior), que lo sostiene y anima.

El Sol es el astro rey, todos los demás planetas giran a su alrededor. En su esencia está contenida la de los demás planetas.

Por eso Leo necesita brillar y destacar en su medioambiente.

Allí donde se encuentra el Sol en un horóscopo indicará las cualidades que el individuo ha venido a desarrollar en esta vida y, por tanto, serán las que tendrá que comenzar desde cero, las que desconoce por completo.

El Sol en un horóscopo simboliza, la energía, la vida, la realeza, el padre, el marido, el rey, el guía, el jefe... Todos ellos atributos, por excelencia, del nativo de Leo. Nos dice, además, el ciclo en el que está trabajando (Fuego, Agua, Aire o Tierra). En el Fuego indica que iniciamos un nuevo ciclo de experiencias; en el Agua, nos enfrentaremos con experiencias de tipo sentimental o emotivas; en el Aire, de tipo mental; y en la Tierra aprenderemos a organizarnos de forma práctica.

ALEGORÍA DE LEO

... Y era de mañana cuando Dios se puso ante sus doce hijos e implantó en cada uno la semilla de la vida humana, Cada hijo, uno a uno, dio un paso adelante para recibir el don que se le había destinado.

—A ti, LEO, te doy la tarea de mostrar Mi Creación al mundo, con todo su esplendor. Pero tienes que protegerte del orgullo y recordar siempre que es Mi Creación y no la tuya. Porque, si lo olvidas, los hombres te despreciarán. Hay mucha alegría en el trabajo que te doy, si lo haces bien. Por eso tendrás el don del HONOR.

Y Leo volvió lentamente a su sitio.

Entonces Dios dijo:

—Cada uno de vosotros tiene una parte de Mi Idea. No confundáis esta parte con la totalidad de Mi Idea, ni intentéis cambiaros las partes entre vosotros. Porque cada uno de vosotros es perfecto, pero eso no lo sabréis hasta que los doce seáis uno. En este momento, Mi Idea, en su totalidad, será revelada a cada uno de vosotros.

Y los hijos se fueron, decidiendo cada cual hacer su trabajo lo mejor posible, para poder recibir su don. Pero ninguno comprendió totalmente su tarea ni su don, y cuando volvieron confusos, Dios les dijo:

—Cada cual cree que los otros dones son mejores. Así, pues, os permitiré intercambiarlos.

Y, de momento, cada hijo se entusiasmó considerando todas las posibilidades de su nueva misión. Pero Dios se sonrió diciendo:

—Volveréis a mí muchas veces, pidiendo que os releve de vuestra misión, y cada vez os concederé vuestro deseo. Pasaréis por incontables encarnaciones antes

de que cumpláis la misión original que os
he prescrito. Os concedo un tiempo ilimi-
tado para llevarlo a cabo, y sólo cuando lo
hayáis conseguido podréis estar conmigo.

PERSONALIDAD

Leo es el corazón del Zodiaco. Expresa la alegría de vivir, la ambición, el orgullo y la elevación. Los leo son nobles optimistas, generosos, sinceros, fieles, honestos y tienen capacidad para el liderazgo. Tienen un carácter creativo y una necesidad de expresar todo su potencial interno a través de cualquier medio a su alcance, ya sea como artista, escritor, empresario, etc.

En todo momento necesitan expresarse a sí mismos, brillar, derramar energía a su alrededor.

Tienen fama de proteger con celo a quienes los rodean, en especial a los niños y a los débiles. Cualquier persona que tenga un Leo cerca sentirá una seguridad especial y nunca tendrá la sensación de estar desprotegida.

Necesitan ser en todo momento el centro de atención y pueden ser muy sensibles. Sin embargo, cuando se les hace de menos o se les humilla, pueden perder fácilmente los papeles y mostrarse iracundos y enfadados, sobre todo si la humillación es en público. Aunque, como a los niños, el enojo nunca les dura mucho tiempo y suelen olvidar muy pronto, sin rencor, cualquier ofensa.

No se rinden a la primera de cambio, sino que cuando quieren algo, luchan por ello hasta conseguirlo.

Apoyan las grandes iniciativas, los grandes proyectos, principalmente aquellos que tienen que ver con las mejoras en la Humanidad.

Son buenos maestros y se sienten especialmente a gusto enseñando a los niños. La mayoría de las veces suelen ser escuchados con atención y respeto. Sin embargo, deben tener cuidado para no mostrase fanfarrones ante los demás, ya que, al estar algunas veces tan seguros de sí mismos, pueden mostrarse demasiado arrogantes y no escuchar las ideas y las sugerencias de los demás, lo que, sin duda, los dejará en desventaja, pues perderán credibilidad ante su auditorio.

Leo es el segundo de los signos de Fuego, elemento que desprende la energía primordial, que se traduce por iniciativa, voluntad y optimismo. Como segundo signo de dicho elemento, se ocupa de la interiorización del designio divino. Si en Aries, primer signo de Fuego, tenía lugar la plantación de la semilla, hecho que se traduce por ser iniciador y comenzar los proyectos, Leo será el que protege los proyectos iniciados por Aries, los guardianes del designio divino. Una misión muy importante, ya que se trata de aguantar el edificio del bien y la sabiduría en el mundo. Debe utilizar su influencia y su posición en la sociedad para enseñar y defender las grandes y elevadas ideas de la Humanidad y no para salvaguardar sus propios intereses egoístas.

CUALIDADES A DESARROLLAR

Nobleza.
Optimismo.
Generosidad.
Sinceridad.
Fidelidad.
Confianza.
Honestidad.
Liderazgo.
Creatividad.
Romanticismo.

DEFECTOS A SUPERAR

Orgullo.
Soberbia.
Irritabilidad.
Tiranía.
Vanidad.
Infantil.
Jactancia.
Pretencioso.
Miedo al ridículo.
Autócrata.

AMOR Y COMPATIBILIDAD

Suelen ser los que llevan la voz cantante. Son románticos, encantadores y carismáticos. Saben conseguir que la persona amada se sienta especial. Son leales, fieles y honestos; de amor sincero y afectos profundos.

Todo lo anterior, claro está, con la única condición de que se les corresponda, ya que si se les ignora o ridiculiza, suelen responder de forma agresiva, pues esta actitud por parte de la persona amada los hace sumamente infelices.

Cuando un Leo se enamora se comporta de tal manera, que eleva a la persona amada a la categoría de dios o diosa. Desea que todo el mundo sepa lo importante que es su pareja y la envuelve con regalos y lisonjas que difícilmente esta puede olvidar. Asimismo, suele darse él la máxima importancia y disfruta al máximo mostrando a los demás las mejores cualidades de la persona objeto de su amor.

Este comportamiento, a veces rayando lo teatral e infantil, los demás suelen verlo como fingido y forzado, pues no llegan a entender que pueda ser sincero.

Si los aspectos sobre el sol son malos, mostrará las cualidades negativas del signo, exagerando su vanidad y mostrándose un ser arrogante y creído, que será rechazado por las personas de su entorno.

Si, por el contrario, confluyen buenos aspectos sobre su sol, mostrará lo mejor del signo de Leo y brillará de forma natural sin necesidad de forzar situaciones. Este brillo natural es necesario porque Leo debe simbolizar el corazón y la nobleza en el ser humano, cualidades que se traducen por amor y lealtad al principio espiritual o Yo Superior y que a Leo le ha tocado en suerte defender en su comportamiento diario. En efecto, esta nobleza y este amor sincero lo convierten en un ser auténtico, incapaz de astucia y malevolencia hacia el prójimo.

De cualquier forma, un Leo siempre mostrará majestuosidad y elevación en su relación con la persona amada. Le gustará figurar y resaltar del resto de parejas y una relación con él nunca resultará vacía, aburrida o mediocre, pues en su ánimo está ser ejemplo de lo más elevado que hay en cada ser humano, que es la parte espiritual, el Yo Superior.

LEO - ARIES

En principio, es una excelente combinación. Los dos son signos de Fuego. Aries admira a Leo y Leo admira a Aries. Los dos son apasionados, calurosos, ardientes, por lo que el grado de entrega del uno hacia el otro es satisfactorio y apasionante, los dos se fusionan de una manera perfecta.

Sin embargo, deben tener cuidado con la autoridad y no querer mandar el uno sobre el otro. O dicho de otra forma: no desplegar sobre el otro el carácter autoritario que tienen los dos, ya que ninguno de los dos lo aceptará de buen grado y pueden surgir conflictos. Lo importante es que cada uno entienda las necesidades del otro y se esfuercen en satisfacerlas de algún modo. Esto no será del todo difícil si hay suficiente amor entre los dos. Así Leo debe respetar y apoyar las iniciativas de Aries; y Aries debe hacer que Leo se sienta importante en su ambiente social.

LEO - TAURO

Son dos signos de naturaleza incompatible, pues en la rueda zodiacal forman una cuadratura propia de los signos de Fuego y Tierra. Sin embargo, tienen en común que son dos signos fijos.

En un principio pueden interesarse el uno por el otro. A Tauro le atraerá Leo por su ambición, generosidad y altura de miras; y Leo cederá con suma facilidad a los encantos de Tauro, sobre todo si este último sabe halagarle el orgullo y amor propio. Así pueden llegar a vivir momentos sublimes durante cierto tiempo.

Pero puede suceder que surjan las incompatibilidades durante la vida en común, ya que Leo no logrará imponer tan fácil sus opiniones ante el obstinado Tauro; y Tauro no soportará el carácter a menudo infantil y comediante de Leo.

Sin embargo, si logran respetarse y basar la existencia en objetivos espirituales, pueden llegar a entenderse muy bien. Pues Tauro actúa a menudo financiando las grandes y elevadas empresas de Leo, y Leo necesita que alguien maneje el tema de las finanzas, ya que no suele administrar muy bien los dineros, cosa que a Tauro se le da dc maravilla.

LEO - GÉMINIS

Dos signos compatibles, ya que Fuego y Aire en Astrología hacen buena mezcla.

Géminis, signo flexible, se adapta bastante bien a Leo, ya que, aunque este a veces se muestre autoritario y orgulloso, le comprende bien y sabe que en el fondo «no es tan fiero el león como le pintan».

El carácter artístico y creativo de Leo encontrará en Géminis un admirador que comprenderá a su pareja y la apoyará en todo lo que necesite, aunque más bien de forma intelectual. En este punto pueden encontrar ambos signos un punto de colaboración y apoyo mutuo.

En la vida en común deben salvar, sin embargo, varios obstáculos que, de perpetuarse, pueden hacer peligrar la relación. Leo no entenderá el carácter inestable de Géminis; y este sentirá a veces que Leo es demasiado autoritario y quiere ser siempre el amo y señor de la relación. También a Leo pueden llegar a eclipsarle los discursos interminables de Géminis, cosa que le aburrirá, ya que necesita la mayoría de las veces ser centro de atención.

En el plano amoroso, Leo es demasiado fogoso, y Géminis puede no corresponderle o incluso verse agobiado por sus insistentes demostraciones afectivas.

Para que la relación prospere, ambos deben poner un poco de su parte: Leo debe ser menos autoritario y Géminis menos inestable.

LEO - CÁNCER

Aunque, como es bien sabido el Agua apaga el Fuego, esta relación, no obstante, puede resultar buena, siempre que Cáncer se someta a las exigencias de Leo.

Cáncer y Leo forman una pareja opuesta pero complementaria. Porque, aunque el Agua de Cáncer se opone al Fuego de Leo, sus regentes: Sol, en el caso de Leo, y Luna, en el de Cáncer, son complementarios.

Por tanto, como hemos dicho, uno será activo, ardiente, extrovertido (Leo), y otro será pasivo, emocional, introvertido y sumiso (Cáncer).

Así como la Luna física refleja la luz del Sol, en este caso Cáncer reflejará la luz de su pareja, su brillo, es decir, le gustará estar en segundo plano y preferirá que su pareja Leo lleve la voz cantante en los asuntos sociales y familiares.

Los problemas pueden llegar cuando Leo, debido a la condescendencia de su pareja, le exija más de lo debido y no le dé la importancia que tiene, sobrepasándose en autoridad y tiranía. O también cuando no cuide el tacto emocional hacia ella, ya que si se muestra poco sensible, puede causarle un daño innecesario, pues esta se sentirá fácilmente herida.

LEO - LEO

Aquí se mezclan Fuego y Fuego de la misma naturaleza, es decir, con los mismos objetivos y personalidad. En principio, hay armonía porque los dos entienden sus necesidades. Pero si uno de los dos intenta dominar al otro o brillar más que él, entonces habrá problemas. Y dado que los dos tienen tendencia a llevar las riendas de la relación y a sobresalir en su ambiente, esta puede tornarse complicada. Sobre todo cuando se trate de destacar en público.

Como los dos comparten los mismos gustos y ambiciones sociales, disfrutarán compartiendo placeres y diversiones y, en este sentido, no tendrán ningún problema.

En el terreno amoroso pueden sentirse satisfechos, ya que los dos son fogosos y se darán por entero el uno al otro, sin poner trabas de ningún tipo.

Para que esta relación vaya bien en todos los terrenos, deben ponerse de acuerdo y repartirse las áreas sobre las que deben ejercer cada uno su autoridad y no invadir el terreno del otro, en este sentido.

LEO - VIRGO

Es esta una relación incompatible, pues el Fuego de Leo chocará con la Tierra de Virgo.

Leo y Virgo tienen una mentalidad bastante diferente. Por un lado, las miras amplias, el gusto por el lujo y la ostentación (Leo); y por el otro, el análisis, lo concreto y el sentido práctico (Virgo).

En esta unión se suele dar una situación en la cual Leo tenderá a dominar a Virgo, el cual se pondrá a su servicio, sobre todo si Leo es hombre y Virgo mujer.

En la relación amorosa, Virgo estará siempre pensando y analizando cada situación, mientras que Leo pasará por alto los pequeños detalles y se frustrará con, según él, la manía de Virgo de prepararlo todo perfectamente antes de llegar a cualquier acto.

La relación puede prosperar y ser armónica si ambas partes ponen de su parte y son tolerantes. Virgo tendrá que ampliar sus horizontes, y Leo debe darse cuenta de que Virgo hace lo posible para que la unión prospere, de ahí la manía de que todo salga a la perfección.

LEO - LIBRA

Una relación armónica, ya que los dos son signos que aman la belleza, el placer de la vida y el arte.

En el amor disfrutarán el uno del otro, de una forma auténtica, ya que Libra es amoroso y romántico y busca relaciones estables, y Leo ama con el corazón y busca también estabilidad y fidelidad en la persona amada. La relación será ideal si Leo es el hombre y Libra la mujer.

Pueden, sin embargo, surgir algunos conflictos si Leo se muestra demasiado rudo e irritable, cosa que molestará al armónico y apacible Libra.

Para que la relación alcance un estado ideal, Leo debe dejar de mostrarse tan rudo y menos autoritario y dominante con Libra, y Libra debe aprender a apaciguar con arte los ánimos de un Leo fuera de sí y comprender que ese comportamiento es pasajero y que pronto no quedará de él ningún recuerdo.

LEO - ESCORPIO

Aunque los dos son signos fijos, tienen intereses muy diferentes. Leo es franco, abierto y se expresa sin ningún tapujo. Al igual que el Sol, su regente, necesita irradiar calor, luz y energía. Escorpio no se entrega tan fácilmente, es más cerrado e insondable. Los dos atraen poderosamente al sexo opuesto, pero mientras uno (Leo) atrae por su franqueza, sus valores y su calor espiritual, el otro (Escorpio) lo hace por sus profundos sentimientos y su carácter misterioso.

A esta relación le falta flexibilidad y adaptación, y, como ninguno de los dos dará su brazo a torcer y los dos son dominantes, la convivencia se hará complicada.

A Leo le costará entender la tendencia al drama y a la discordia que tiene Escorpio, y Escorpio no entenderá muy bien que a Leo se le pasen tan pronto las ofensas y las perdone con igual celeridad, más bien creerá que está fingiendo.

Para que haya armonía entre los dos signos deben hacer un esfuerzo de adaptación y flexibilidad importante, que solo llegará cuando los dos persigan otros objetivos que no sean solo materiales, sino también espirituales. A su favor tienen que, al ser los dos signos fijos, llevan bastante mal lo de la separación y harán lo que sea para seguir con la persona amada.

LEO - SAGITARIO

Esta unión puede resultar excelente, ya que a los dos les gusta disfrutar de la vida y son optimistas, entusiastas y generosos.

Es una relación que sobresaldrá por su espontaneidad, sinceridad y comunicación. Los dos son idealistas y basarán la convivencia en agradarse mutuamente y también a los demás. Son altruistas y generosos y no les importan tanto los objetos materiales, sino más bien las personas y los ideales.

Un punto de fricción que deben superar será, sin embargo, un comportamiento dominante, por parte de Leo, y un exceso de independencia por parte de Sagitario.

Ninguno de los dos es rencoroso, por lo que, si tienen alguna discusión, pronto se les pasará el enfado y lo superarán con alegría y humor.

LEO - CAPRICORNIO

La relación entre estos dos signos no produce, en principio, resultados armónicos. Los dos conciben la vida de manera distinta. Leo es exuberante, optimista, alegre, le atraen los placeres y las diversiones. Capricornio, por el contrario, es pesimista, introvertido, reflexivo y materialista.

Leo necesita constantes reconocimientos des sus logros y conquistas, por pequeñas que estas sean, y no será Capricornio quien le levante el ánimo en este sentido.

Por todo lo dicho, es una relación que se torna difícil, pero puede haber armonía si se hace un gran esfuerzo de comprensión y respeto por entender el carácter del otro, cosa a lo que la Astrología puede ayudar bastante.

LEO - ACUARIO

Una relación armónica que, en principio, no tiene por qué ir mal. Leo ama a la persona, al individuo, y Acuario, a la

Humanidad. En la rueda astrológica se encuentran en oposición, lo que significa que lo que a uno le falta lo tiene el otro.

Así, Leo puede aportar a Acuario sus dotes artísticas y su capacidad para la enseñanza, y Acuario, su visión intelectual y amistosa de la vida. Además, los dos signos son idealistas, leales, francos, directos y solidarios.

Quizá lo que puede echar para atrás a Leo sea el excesivo sentido de la amistad que tiene Acuario, pues este puede llenarle la casa de amigos cada dos por tres, cosa que Leo no soportará, pues es más amigo de la intimidad. Y Acuario no llevará bien el exceso de autoritarismo de Leo. Por lo que los dos harían bien en comprender al otro y hacer un esfuerzo de tolerancia y adaptabilidad, atendiendo más a los gustos y preferencias de su pareja para no hacerle daño.

Por lo demás, puede haber perfecta armonía y entre los dos establecer un vínculo duradero, ya que, al ser signos fijos, llevan mal las relaciones pasajeras y buscan una relación estable.

LEO - PISCIS

Es una relación que puede resultar un poco difícil debido a la incompatibilidad del Fuego con el Agua. Ya sabemos que el Agua apaga al Fuego. Y esto es lo que termina ocurriendo cuando estos dos signos se unen.

Piscis es un signo dirigido principalmente por los sentimientos. Por lo que se mostrará inestable, inseguro, hipersensible, impresionable. Guiado por los sentimientos, muchas veces ni él mismo sabrá por qué se comporta de una u otra manera.

Leo intentará protegerlo, ayudarlo, consolarlo, pero pronto se dará cuenta de que no consigue nada, pues, cuando lo haya conseguido, se inventará otro problema y vuelta a empezar. El torbellino sentimental de Piscis desmoralizará a Leo y apagará su Fuego amoroso y conciliador cada dos por tres.

Es posible que un Leo materialista y sin aspiraciones religiosas también se sienta desplazado por un Piscis místico y espiritual, y este último tenga que buscar consuelo y comprensión en otras personas que compartan sus ideales y creencias espirituales, lo que puede alejarlo de su pareja, al no tener con ella mucho que compartir sobre sus aspiraciones y preferencias.

Al ser Piscis un signo abnegado, servicial y que gusta de la soledad chocará también con el carácter de Leo cuya necesidad le lleva a querer ser el centro de las relaciones sociales y que buscará la vida en sociedad siempre que le sea posible.

Una relación armónica será posible si el amor de ambos es sincero, ya que entonces buscarán la felicidad de su pareja y harán lo posible por entender sus necesidades.

SALUD

Leo rige el corazón, la columna vertebral, la región dorsal, la aorta y la circulación sanguínea. Por tanto, las aflicciones o malos aspectos de los planetas sobre este signo pueden llegar a producir las distintas dolencias que afectan a estas zonas del cuerpo:

Taquicardias.
Palpitaciones.
Aneurismas.
Infartos.
Fiebres.
Meningitis de la columna vertebral.
Desmayos.
Desviaciones de columna.
Anemia
Angina de pecho.
Problemas de circulación de la sangre.
Etc.

Por lo tanto, deberá tener especial cuidado con estas zonas de su cuerpo y prestarles más atención de lo normal, y no abusar sobrecargándolas o sobreexcitándolas.

Cuando se producen malos aspectos sobre Leo da lugar a todos los problemas relacionados con una mala administración de la energía solar, planeta que rige el signo. Si quiere evitarlos, debe tener especial cuidado y tomar conciencia de cómo está trabajando dicha energía. Por ejemplo, la mala administración de esta energía se traduce por comportarse con los demás con los peores defectos del signo: orgullo, irritabilidad, tiranía, vanidad... y, sobre todo, soberbia. Si quiere recuperar la salud, debe evitar al máximo este tipo de comportamientos.

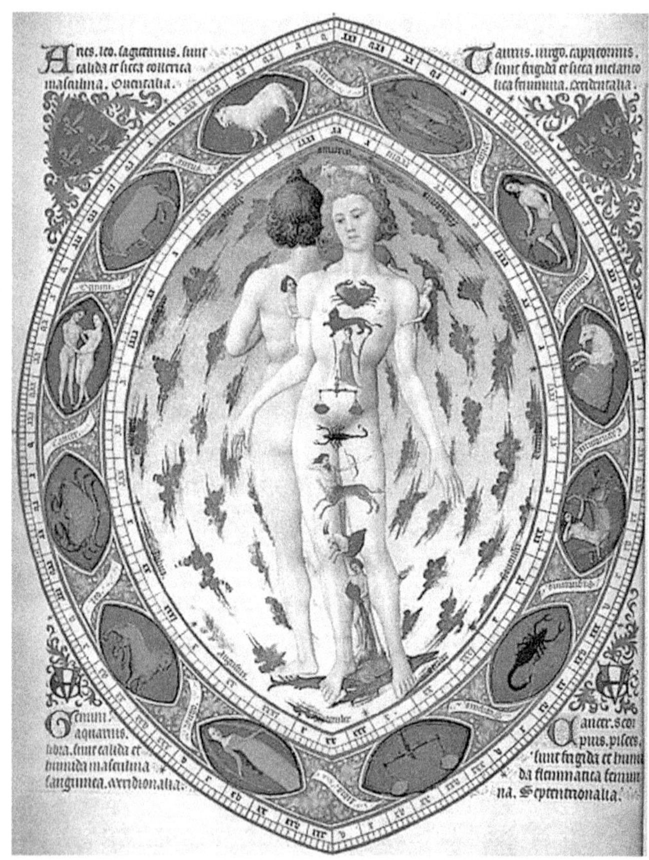

El hombre y el Zodiaco, de Paul Malouel, muestra las asociaciones de los Signos del Zodiaco con las distintas partes del cuerpo.

TRABAJO

Leo necesita desplegar toda la energía del Sol a su alrededor. Así que, se sentirá bien en todas las profesiones relacionados con la generosidad, el optimismo, el liderazgo. En general, allí donde pueda desarrollar, de una manera completa, su talento creativo y de liderazgo.

Por tanto, le irán como anillo al dedo los trabajos de profesor, actor, ejecutivo, empresario, jefe de cualquier empresa o departamento, etc.

Todos aquellos trabajos en los cuales pueda desplegar su creatividad y sentirse importante le harán sumamente feliz, ya que se sentirá útil y, al mismo tiempo, disfrutará al máximo con lo que hace.

Los nueve Coros Angélicos se mueven en torno a la esfera central, que representa a la Divinidad.
Ilustración de Gustavo Doré para la obra *La Divina Comedia* de Dante Alligeri.

ÁNGELES DE LEO

La esfera del Zodiaco mide 360 grados de longitud, que se divide entre los doce signos del Zodiaco, dando como resultado un espacio de 30 grados de longitud a cada signo.

Dentro de estos 30 grados tienen su domicilio y radio de acción 6 ángeles conocidos en la Tradición como genios de la Cábala, a razón de 5 grados por ángel.

Con respecto al signo de Leo, los nombres de estos ángeles son los siguientes:

De 0 a 5 grados de Leo (24 al 28 de julio) rige el ángel llamado Nith-Haiah.

De 5 a 10 grados de Leo (29 de julio al 2 de agosto) rige el ángel llamado Haaiah

De 10 a 15 grados de Leo (3 al 7 de agosto) rige Ieratel.

De 15 a 20 grados de Leo (8 al 13 de agosto) rige el ángel llamado Seheiah.

De 20 a 25 grados de Leo (14 al 18 de agosto) rige el ángel llamado Reiyel.

De 25 a 30 grados de Leo (19 al 23 de agosto) rige el ángel llamado Omael.

El nativo de Leo tendrá uno u otro ángel guardián dependiendo de la fecha en la que haya nacido dentro de este radio de acción, con él podrán comunicarse en cualquier momento para pedirle que les ayude en su acción cotidiana y cumplir así con el objetivo de su Yo Superior.

NITH-HAIAH, DEL 24 AL 28 DE JULIO

Las enseñanzas y virtudes que proporciona este ángel durante la vida del nativo son las siguientes:

Sabiduría; descubrir la verdad en los misterios ocultos; revelaciones en sueños; sueños proféticos; influencia en los sabios y en quienes les gusta la paz, la soledad y la meditación; conocimiento de los misterios más profundos del orden cósmico y uso práctico de sus leyes; protección contra magos negros y toda clase de agentes del mal.

La esencia de su programa es:

SABIDURÍA. Y esta cualidad es la que más sobresaldrá durante toda la vida del individuo que haya nacido bajo su influencia.

Clave: *Sabiduría para descubrir los misterios ocultos*

HAAIAH, DESDE EL 29 DE JULIO AL 2 DE AGOSTO

Las enseñanzas y virtudes que proporciona este ángel durante la vida del nativo son las siguientes:

Ganar los procesos y tener a los jueces a favor si el individuo está en lo correcto; atraer el favor de personas importantes; protección en la búsqueda de la verdad; poder contemplar las cosas divinas; buenos resultados en la diplomacia, la política, las relaciones con el extranjero, los mensajeros y los tratados de paz; protección contra los conspiradores y los traidores, a los cuales descubrirá antes de que puedan llevar sus planes a la práctica.

La esencia de su programa es:

CIENCIA POLÍTICA. Y esta cualidad es la que más sobresaldrá durante toda la vida del individuo que haya nacido bajo su influencia.

Clave: *Ser un buen conductor de los asuntos sociales.*

IERATEL, DEL 3 AL 7 DE AGOSTO

Las enseñanzas y virtudes que proporciona este ángel durante la vida del nativo son las siguientes:

Confusión de los malvados y calumniadores; liberación de los enemigos; protección contra los que nos provocan y atacan injustamente; propagador de la Luz, la Civilización y la Libertad; gusto por la paz, la justicia, las ciencias y las artes; distinción en la literatura; aprendizaje fácil de lenguajes y símbolos; protección contra la ignorancia, la esclavitud y la intolerancia; excelente capacidad de percepción.

La esencia de su programa es:

PROPAGACIÓN DE LA LUZ, LA CIVILIZACIÓN Y LA LIBERTAD. Y esta cualidad es la que más sobresaldrá durante toda la vida del individuo que haya nacido bajo su influencia.

Clave: *Sabiduría divina para poder erradicar los deseos negativos.*

SEHEIAH, DEL 8 AL 13 DE AGOSTO

Las enseñanzas y virtudes que proporciona este ángel durante la vida del nativo son las siguientes:

Protección contra los incendios, la ruina de los edificios, las caídas y las enfermedades; buena salud y larga vida; prudencia, buen juicio y discreción; protección providencial contra los rigores del destino; protección contra la irreflexión y las decisiones erróneas.

La esencia de su programa es:

LONGEVIDAD. Y esta cualidad es la que más sobresaldrá durante toda la vida del individuo que haya nacido bajo su influencia.

Clave: *Vida llena de realizaciones y capacidad para curar enfermedades*.

REIYEL, DEL 14 AL 18 DE AGOSTO

Las enseñanzas y virtudes que proporciona este ángel durante la vida del nativo son las siguientes:

Liberación de los enemigos, tanto los visibles como los invisibles; sentimientos espirituales; sabiduría por la meditación; celo en la propagación de la verdad, oralmente y por escrito; capacidad para destruir la impiedad, los encantos y sortilegios.

La esencia de su programa es:

LIBERACIÓN. Y esta cualidad es la que más sobresaldrá durante toda la vida del individuo que haya nacido bajo su influencia.

Clave: *Liberación de los enemigos visibles e invisibles.*

OMAEL, DEL 19 AL 23 DE AGOSTO

Las enseñanzas y virtudes que proporciona este ángel durante la vida del nativo son las siguientes:

Paciencia; consuelo para las penas y la desesperanza; amor por los animales y éxito en su curación, fecundidad en las parejas; triunfo en profesiones de médico, químico o cirujano; cosechas abundantes; protección contra la tentación de oponerse a la propagación de los seres.

La esencia de su programa es:

MULTIPLICACIÓN. Y esta cualidad es la que más sobresaldrá durante toda la vida del individuo que haya nacido bajo su influencia.

Clave: *Abundantes cosechas. Consuelo y esperanza* [1].

---

[1] Para más información sobre el tema de los ángeles y la Astrología, véanse mis libros: *Ángeles*

PERSONAS CÉLEBRES NACIDAS EN LEO

- Alfred Hitchcock, 13-08-1899: cineasta
- Ana Botella, 23-07-1953: abogada y política española
- Antonio Banderas, 10-08-1960: actor
- Arnold Schwarzenegger, 30-07-1947: actor
- Barack Obama, 04-08-1961: político, presidente de los EE. UU.
- Bill Clinton, 19-08-1946: político, ex-presidente del Gobierno de los EE. UU.
- David Etxebarria, 23-07-1973: ciclista español
- Dustin Hoffman, 08-08-1937: actor

protectores y Ángeles, las fuerzas ocultas del Universo, publicados por esta editorial.

- Fidel Castro; 13-08-1927: político
- José Luis Aramburu Topete, 23-07-1918: militar español
- José Luis Rodríguez Zapatero, 04-08-1960: político, ex-presidente del Gobierno de España
- Madame Blavatsky, 30-07-1831: Fundadora de la Sociedad Teosófica
- Madonna, 16-08-1958: actriz y cantante
- Max Heindel, 23-07-1865: Fundador de la Fraternidad Rosacruz
- Melanie Griffith, 09-08-1957: actriz
- Mick Jagger, 26-07-1943: cantante
- Neil Armstrong, 05-08-1930: astronauta
- Nino Bravo, 03-08-1944: cantante
- Salvador de Madariaga, 23-07-1886: diplomático, escritor e historiador español
- Whitney Houston, 09-08-1963: actriz y cantante

TALISMANES

Los amuletos o talismanes de Leo deben fabricarse con todos o parte de los elementos relacionados con el signo. En particular, con las gemas, los metales y los colores. Por ejemplo:

Las gemas de la suerte de Leo son el rubí, el diamante y la piedra sol. El metal es el oro. Así pues, se pueden fabricar amuletos con estos elementos y llevarlos encima, bien la piedra o metal a secas en un bolsillo o bien como colgante, llavero, etc. También se puede hacer una bolsita del color del signo, poner todos estos elementos dentro y llevarlo como amuleto.

El color de Leo es el dorado y el naranja. Por tanto, todo lo que sea de color dorado y naranja también favorecerá al nativo, ya sea ropas o cosas que los destaquen.

El día de la semana en el que tendrá especialmente suerte será el domingo. En este día puede comenzar todo tipo de proyectos y acontecimientos en los que quiera tener un efecto favorable, siempre que no sea para perjudicar al prójimo, claro está.

Sus números de la suerte son el 1 y el 5 y todos sus múltiplos.

Hay que tener en cuenta que un amuleto por sí solo no sirve para nada si no le acompaña una actitud positiva y favorable del individuo y un deseo de avanzar en un camino altruista y benevolente hacia los demás. De esta forma, atraerá a su vida las energías favorables procedentes de las entidades espirituales que operan en Leo.

OTROS TÍTULOS PUBLICADOS POR ESTA EDITORIAL

LA ESENCIA DE LOS DOCE SIGNOS DEL ZODIACO

Un libro esencial para conocernos a nosotros mismos mediante un estudio completo de cada signo del Zodiaco

ÁNGELES, LAS FUERZAS OCULTAS DEL UNIVERSO

Un estudio completo sobre la importancia de los ángeles en el Universo y en nuestra vida cotidiana, donde se dan a conocer sus nombres y sus funciones específicas.

EL MENSAJE OCULTO DE LOS ASTROS

Un manual completo de Astrología, tanto para el principiante como para el astrólogo avanzado. Extensa interpretación astrológica, y, además, se adentra en el tema de las Sinastrías, la Astrología médica y la Parte de la Fortuna, con muchos ejemplos interesantes.

CÓMO LEVANTAR UNA CARTA ASTRAL, Manual para principiantes.

Un manual para cualquier estudiante: sencillo, ameno y directo, donde se facilita al lector un guión para levantar cartas astrales e interpretarlas.

CÓMO INTERPRETAR UN HORÓSCOPO SIN AYUDA DE NADIE

Enseñanzas básicas para interpretar un horóscopo. Aprenda lo más necesario de su carta astral sin necesidad de hacer cursos interminables.

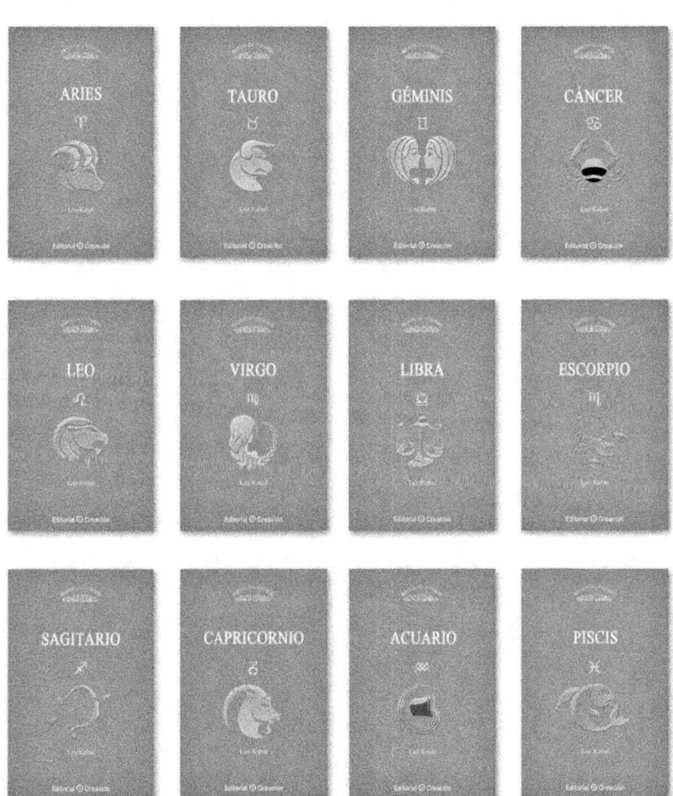

LOS 12 SIGNOS DEL ZODIACO
(ESENCIA CÓSMICA)

Una colección esencial, con un estudio
completo de cada signo: personalidadad, afinidades
e incompatibilidades en al amor, salud, trabajo, ángeles
y fuerzas de los astros, etc.